CARL OR

DIE KLUGE

Die Geschichte von dem König

und der klugen Frau

SCHOTT

Mainz · London · Madrid · New York · Paris · Tokyo · Toronto

Printed in Germany

Verlag: Schott Musik International, Mainz · BSS 36 742
Printed in Germany

ISBN 3-7957-3636-6

Es treten auf:

Der König . . . . Bariton

Der Bauer . . . . Baß

Des Bauern Tochter . . . . Sopran

Der Kerkermeister . . . . Baß

Der Mann mit dem Esel . . . . Tenor

Der Mann mit dem Maulesel . . . . Bariton

Erster Strolch . . . . Tenor

Zweiter Strolch . . . . Bariton

Dritter Strolch . . . . Baß

Das Werk wird auf einer Simultanbühne gespielt.

Vor- und Hauptbühne sind seitlich durch Stufen verbunden.

Kostüme und Masken phantastisch und stark in Farben und Ausdruck.

Vor Beginn des Spieles dreimaliger Trommelwirbel hinter der Bühne, dazu erscheint auf einem Vorhang, der ein ausgespanntes Fischernetz darstellt, die Schrift: „Die Geschichte von dem König und der klugen Frau"

Erste Szene

In einem Kerker auf der Vorbühne ist der Bauer eingesperrt.

Der Bauer:

Oh hätt' ich meiner Tochter nur geglaubt!
Oh hätt' ich ihr geglaubt.
Oh hätt' ich meiner Tochter nur geglaubt!

Ich läge nicht in diesem Loch
wo Ratten mich und Mäuse noch
lebendiglich verzehren.

So lag er da!
Der Pflug hat ihn ans Licht gebracht.
So lag er da
aus eitlem Gold,
der Mörser,
der verfluchte Mörser!
Ja ja, so lag er da,
ich seh ihn deutlich noch vor mir,
wie leuchtend drauf die Sonne fiel,
und innen war er ganz und gar
mit schwarzer Erde angefüllt.
Oh dieses Gold!
Oh dieser goldne Mörser,
doch —
den Stößel dazu,
ja, den Stößel,
diesen Stößel dazu,
....
den fand ich nicht.

Oh hätt' ich meiner Tochter nur geglaubt!
Sie sagte: „Gold, das ist kein Glück,
wer weiß, wo dieses hergekommen?"

Der Bauer:

Ich sagte: „Gold ist Geld
und damit kann man alles kaufen!“

Sie sagte: „Grab' du nur diesen Mörser wieder ein,
wirf ihn ins Wasser,
in den tiefsten Fluß!“
Oh hätt' ich meiner Tochter nur geglaubt!

Doch wen der Teufel reitet,
den verdirbt er auch!

„So bring den Mörser ich dem König,
ist's doch sein Land,
das diesen Schatz verborgen hielt,
ganz sicher wird er's königlich mir lohnen.“

„Narr, Narr, Narr!“
schrie sie,
(Oh hätt' ich ihr geglaubt!)
„Dem König bringst du ihn?
Wer viel hat, der hat nie genug.
Wo ist der Stößel, wird er schrein,
den hältst du mir verborgen, Schuft,
den willst du wohl für dich behalten!
Her mit dem Stößel, Bauer!
Gib den Stößel her,
sonst werf' ich dich in meinen Turm.“

Oh hätt' ich meiner Tochter nur geglaubt!
Denn wer viel hat,
hat auch die Macht,
und wer die Macht hat,
hat das Recht,
und wer das Recht hat
beugt es auch,
denn über allem herrscht
Gewalt!

Oh hätt' ich meiner Tochter nur geglaubt!
Wer nichts hat,
soll auch nichts begehren,
und soll dem Teufel eine Fratze schneiden!
Er bricht zusammen.

Der König:

auf der Hauptbühne (links) rasch auftretend
Was schreit der Mann?

Der Kerkermeister:
von der anderen Seite kommend
Ich kann es nicht verstehn.

Der König: Ich will es wissen!

Der Kerkermeister:
Herr, seit Tagen schon und immerfort das Gleiche.
„Oh hätt' ich meiner Tochter nur geglaubt.
Oh hätt' ich ihr geglaubt,
oh hätt' ich meiner Tochter nur geglaubt!"

Der König: Was soll der Spruch?
Hol mir den Bauern aus dem Turm!
Der Kerkermeister steigt die Stufen zum Kerker hinab.

Der Kerkermeister:
zum daliegenden Bauer
He du, was liegst du da?
Ist dir der letzte Wind schon aus dem Balg?
Was schreist du nimmer, alter Narr?
Du mußt zum König, komm!
Er führt den Bauer zum König hinauf.

Der König: sehr rasch und heftig
Wo ist der Stößel,
hast du dich besonnen?
Hast du im Kerker den Verstand zurückgewonnen?

Der Bauer: dumpf
Ich hab' ihn nicht gefunden, Herr!

Der König: scharf
Den Stößel oder den Verstand?

Der Bauer: dumpf und unbewußt
Oh hätt' ich meiner Tochter nur geglaubt!

Der König: rasch aufgreifend
Was ist's damit,
was redst du da von deiner Tochter?
Du hast wohl eine kluge Tochter,
die riet dir auch den Platz,
den Platz, wo dieser goldne Stößel,
wo dieser Stößel
sicher ist vor mir.

Der Bauer: wild auffahrend
Ja ja, sie hat den Platz erraten,
sie hat den Platz genau erraten,
den Platz, wo du mich hinwirfst
und verrecken läßt!

Der König: lachend
Was sagt sie denn?

Der Bauer: „Geh nicht zum König,
sei kein Narr;
er glaubt dir nicht, was du erzählst,
er nimmt den Mörser wie er ist,
und wird nur nach dem Stößel fragen,
und sagt, du seist ein Dieb,
du hättest ihn gestohlen;
dann wirft er dich in seinen Turm."

Der König: lachend
Das sagte deine Tochter,
o wie klug!!
Die kluge Tochter muß ich sehn,
die will ich mir ganz nahe anbesehn.
Bring mir das Weibsstück. Pack dich!

Der Bauer: in die Knie brechend
Herr!!

Der König: Geh, Tölpel, bring sie her!
Sonst laß ich beide euch ertränken
und eure Leichen an die Pappeln henken!
lachend ab.
Der Kerkermeister führt den Bauer fort.

Zweite Szene

Auf der Vorbühne (der Kerker ist nicht mehr sichtbar) treten drei Strolche auf. Einer steigt aus einer Bodenluke, einer irgendwo von einer Leiter herab, einer kriecht aus der Wand heraus. Der Letzte hat eine brennende Laterne.

Erster Strolch: Spaß muß sein, sagte die Katze zum Vogel und fraß ihn.

Zweiter Strolch: Diesmal schlugs fehl.

Dritter Strolch: Nur ruhig Blut, den zeitigen Dieb erläuft ein hinkender Scherge.

Erster Strolch: Und der, dem's Henken bestimmt ist, ersäuft nicht.

Zweiter Strolch: Wenn's Zeit ist, dann bringt der Dieb den Strick zum Henken selbsthändiglich mit.

Dritter Strolch: Zeig her, was du hast!

Zweiter Strolch: Was einem nicht beschert ist, das führt eine Mück' auf dem Schwanze davon.

Erster Strolch: Mein Beutel ist leer,

Zweiter Strolch: meiner hat Hunger,

Dritter Strolch: und meiner ein Loch.
Schlechte Zeiten —
magere Zeiten für ein ehrbar Handwerk,
für Leute, die noch ehrlich stehlen wollen.

Zweiter Strolch: Man kommt dem König leichtlich ins Gehege, der tut sich um im ganzen Land,

Dritter Strolch: die letzte Laus hat er sich aus dem Pelz gekämmt.
Ferner Trommelwirbel.

Erster Strolch: aufhorchend
Wenn der Wolf in der Näh', dann zittern den Schafen die Schwänze.

Zweiter Strolch: Der Wolf find' leicht eine Ursach, wenn er das Schaf fressen will.

Erster Strolch: Wo der Wolf Schafhirt ist, da geht's nicht bloß um die Wolle, da geht's auch ums Fell.
Man hört ein leises Klingeln.

Dritter Strolch: aufhorchend
Halts Maul, da kommt wer.

Zweiter Strolch: Machs Licht aus,

Dritter Strolch: bläst die Laterne aus
Vielleicht läuft uns noch was ins Garn.
Sie verstecken sich.

Von links kommend treten auf: Des Bauern Tochter und der Bauer, geführt vom Kerkermeister. Die Tochter barfuß (man kann ihr Gesicht, das von einem Kopftuch verhüllt ist, nicht sehen), geht sorglos und unbekümmert voraus, dabei hört man ständig und schon vorher ankündigend ein leises Klingeln, wie von hellen silbernen Glöckchen und Ringen.

Nachdem die drei vorüber sind, kommen die Strolche vorsichtig aus ihrem Versteck

Erster Strolch: Wo nichts ist, hat noch keiner was gefunden,

Zweiter Strolch: den leeren Beutel schätz ich nicht,
ich präferier' mehr den gesunden.
ab nach links
Man hört wieder ein leises Klingeln, dem fern ein Trommelwirbel antwortet.

Dritte Szene

Auf der Hauptbühne links, etwas erhöht, sitzt der König auf einem Ruhebett allein an seiner Tafel. Er trägt ein prunkvolles Gewand. Vor ihm auf einem niedern Tische: Becher, Krüge, Würfel. Hinter ihm eine Gruppe Musikanten, narrenmäßig gekleidet, mit seltsamen phantastischen Instrumenten. Auf der rechten Seite, wie eben eingetreten, steht des Bauern Tochter.

Der König: hält einen gefüllten Becher in der Hand — trinkt — blickt des Bauern Tochter an

Du also, du,
du bist die „Kluge",
des Bauern Tochter,
seine kluge Tochter,
so klug bist du,
daß du mit deiner flinken Zunge
dir einen Strick hast um den Hals geredt.

Nun siehst du wohl,
dein' Rede war kein guter Rat.
Die hat dich mir ins Garn gebracht.
Nun lös dich,
bist du klug,
bist du die Kluge,
lös dich frei!
Er trinkt.

Hast längst dir eine listge Lüge ausgedacht;
doch nach dem Stößel frag ich nicht.
Den Stößel,
ach, das hat noch Zeit,
den Stößel werden wir zusammen finden,
das hat noch Weil,
das hat noch gute Weil,
gut, weil du mir sie kürzen wirst.

Willst du spielen?
Willst du wetten?
Willst du — Rätsel raten?

Ich geb dich deiner Klugheit selber in die Hand.
Ich geb dir Rätsel,
drei an Zahl.
Drei Rätsel, Kluge, sollst du raten,
mit dreien ratest du dich frei;
erratst du's nicht,
bist du verraten!

Die Kluge: wie unbewußt, in fast kindlichem Tone
Nenn mir die Rätsel, König,
deine Rätsel, König,
will ich raten.

Der König, vom Klang der Stimme getroffen, schaut überrascht nach der Klugen. — Die Kluge setzt sich und blickt abwartend vor sich hin.

Der König: Es kam ein Gast von ungefähr,
nit geritten, nit gegangen,
nit geflogen daher,
und als er kam in das Wirtshaus,
da fiel das Haus zum Fenster hinaus.

Die Kluge: Der Gast, der konnt nit anders kommen,
ein Fisch ist immer nur geschwommen,
des Fischers Netz, das war das Haus,
der Fischer zog das Netz heraus,
da fiel das Wasser zum Garne hinaus.
Sie blickt den König an.

Der König: Der Fisch im Netz!
das hast du gut getroffen.
Von Dreien bleiben zweie noch;
zwei Rätsel, Kluge,
zweie bleiben offen.

Es ist ein Vogel aus Elfenbein,
der springt landab, landauf, landein,
er frißt den Müller samt Mühlenstein,
Haus, Hof und den Bauern noch obendrein.

Die Kluge: Ich kenn den Vogel aus Elfenbein.
der springt landab, landauf, landein.
Der Würfel ist's,
das Würfelspiel
hat manchen schon betrogen,
und mancher Mann
hat all's vertan,
hat ihn das Glück belogen.

Der König: Die klügste Henne holt am Ende doch der Fuchs;
zweimalen tätst du mir entschlüpfen,
das letzte Netz, das will ich besser knüpfen.
Es floß ein Mühlenstein auf dem Wasser,
da saßen drei Männer drauf.
Der eine war blind,
der andere lahm,
der dritte, der dritte war nackt,
so nackt, daß es knackt.
Der blinde Blinde sah einen Hasen,
der Lahme, der lief ihm nach und packt ihn,
der Nackte steckt ihn in die Tasche.

Die Kluge: Der Taube, der hört es,
der Stumme sagts weiter...
Was nit sein kann,
nit wird noch war,
...ist eine Lüge.

Der König: Auf das Haar
hast du's getroffen, sonnenklar,
erraten hast du alle drei.

Die Kluge: Mit dreien löste ich mich frei.

Der König: Hör zu,
weil du so klug bist,
weil du mir gefällst,
macht dich der König,
macht dich der König zu seiner Frau.
Hörst du —
zu seiner Frau, komm her!
zu den Musikanten
Spiel auf, Gesindel!
Wein her, Wein herbei!

Die Kluge: Dann gibst du auch den Vater wieder frei?

Der König: Wer alls gefangen ist, den laß ich laufen,
der König feiert,
alle sollen sich besaufen!!

Er wirft den Musikanten einen Beutel mit Gold zu, reißt sich den Mantel ab und beginnt einen wilden Tanz. Die Kluge steht mit „gesträubtem Haar" in höchster Spannung zwischen Entsetzen und Triumph. Der König hebt sie blitzschnell auf seine Arme und trägt sie zum Ruhebett.

Vierte Szene

Auf der Vorbühne treten die drei Strolche auf. Einer trägt einen Sack mit gestohlenen Kleidern, die sie am Schluß zu ihrer Vermummung verwenden.

Zweiter Strolch: Der König hat nun wieder eine Frau.

Dritter Strolch: Wie lange noch?

Erster Strolch: Das weiß man nicht genau,
fünf Wochen schätz ich, bis zum übernächsten Mond,

Zweiter Strolch: ich schätz auf viere,

Dritter Strolch: ich auf drei, —
auch die Geschichte geht vorbei.

Zweiter Strolch: wichtig
Man sagt,
ich habe sagen hören,
sie sei ganz bezaubernd schön,

Dritter Strolch: das sagt man, hast du sie gesehn?

Zweiter Strolch: Das nicht, der König hält doch alles ganz geheim,

Dritter Strolch: dann wird sie nicht die Schönste sein.

Erster Strolch: Warum denn?

Dritter Strolch: Weil ein jeder Mann, der eine schöne Frau hat,
sie auch gerne zeigt,
schon daß er andre scharf und neidig macht.

Erster Strolch: Beim König gibt's das nicht,
weil der doch alles haben kann,
da spielt es keine Rolle, was ein andrer Mann...

Dritter Strolch: Mann bleibt doch Mann, — —
ob sie nun schön ist oder nicht.

Zweiter Strolch: Einmal hat ers ganz toll mit einer Häßlichen getrieben,

Dritter Strolch: er kriegt sie leid — —
und wieder schwört er auf ein anderes Gesicht.
Kleine Pause.

Zweiter Strolch: Man sagt,
ich habe sagen hören,
sie sei ganz gefährlich klug!!

Erster Strolch: Von diesen Weibern hat bald jeder Mann genug!

Dritter Strolch: Wenn sie schon klug ist, dann ist's bald vorbei,
dann kommt die Dummheit wieder an die Reih —

Erster Strolch: geheimnisvoll
Man sagt die Dummen — —

Dritter Strolch: dreinfahrend
Ich muß lachen,
eine kluge Frau?!
Was wollt der König denn mit der!
Schön mag sie sein, sonst wär er garnicht auf sie reingefallen,
doch auch die Dümmste, grad die Dümmste wird sie sein von allen.

Der Mauleselmann:
tritt auf
Lösch's Licht aus, dann sind alle Weiber gleich!
Was gilt's?
Er ist vom Weiberhaar ganz eingefangen,
und hängt er fest, dann läßt er uns nicht hangen,
hat für nichts andres Aug' noch Ohr,
kommt alles ihm unwichtig vor,
er pflegt nur seinem Zeitvertreib,
und sieht nichts andres als das Weib.
ihm gilt nichts,
und ihn ficht nichts an,
und darauf baut ich meinen Plan!

Die drei Strolche: aufspringend
Ein Plan!! Ein Plan!!

Zweiter Strolch: Ein guter Plan, der kommt uns jetzo sehr gelegen!

Dritter Strolch: Der kommt uns zur Gelegenheit!

Erster Strolch: Gelegenheit!! Gelegenheit!!

Zweiter Strolch: Gelegenheit hat vorne langes, hinten kurzes Haar!

Erster Strolch: Man muß Gelegenheit am Stirnhaar packen!

Dritter Strolch: Wer die Gelegenheit versäumt,
dem weist sie leicht den Hintern.

Der Mauleselmann:
Gebt acht, es soll euch schon was tragen,
wenn ihr mir helft,
daß „recht" für „unrecht" ich bekomm.

Die drei Strolche: 's ist unser Fall!

Der Mauleselmann:
Kommt mit, ich werd euch alles sagen:
Wir spielen ein possierlich Spiel.

Erster Strolch: Vorm König?

Der Mauleselmann:
Ja, vorm König!

Dritter Strolch: Dann gibts was zu lachen,
's ist alte Weise:
Hat der Mann ein Weib,
kannst du ihn leicht für dich zum Narren machen!
Die drei Strolche verkleiden sich, während der Eselmann tölpelhaft auftritt.

Der Mauleselmann:
zu den Strolchen
Da kommt der Dumme, der die Zeche zahlen muß.
zum Eselmann
Wo steckst du denn?

Der Eselmann: Mir zum Verdruß
bist du davon, doch jetzo hab ich dich erlaufen.
Wir gehn zum König!

Der Mauleselmann:

gespielt jämmerlich

Ja, zum König, da's mal anders nit kann sein!

zu den Strolchen

Doch ihr, ihr ehrenwerten Männer,
laßt mich auf diesem schweren Gang nit ganz allein!
Kommt mit!!

Alle fünf gehen die Stufen zur Hauptbühne hinauf und nehmen dort Aufstellung.

Fünfte Szene

Als rückwärtigen Abschluß sieht man in halber Höhe ein noch mit einem Vorhang geschlossenes breites Fenster.

Der Eselmann bleibt abseits stehen, der Mauleselmann und die drei Strolche „ad spectatores".

Der Mauleselmann und die drei Strolche:

Alles ging die Kreuz, die Quer,
wenn nicht eine Stelle wär,
wo zu Ende geht dein Witz,
wo das Recht hat seinen Sitz.

An das Recht zu appellieren,
wollen wir hier musizieren,
bis der König uns erhört,
Recht spricht, und dem Unrecht wehrt.

Sie tanzen.

Fallera la fallera
la fallera
la la la la.

Der Kerkermeister:

rasch auftretend

Was wollt ihr da?

Der Mauleselmann und die drei Strolche:

Gericht, Gericht,
Gerechtigkeit,
wir wollen nur Gerechtigkeit,
gerechten Spruch,
weil uns ein Streit
grausamlich tät entzweien.

Der Kerkermeister:

Ist jetzt nit Zeit,
ich werd euch mores lehren,
hier vor dem König,
hier vor seiner Tür
Unfug zu treiben,
zu rumoren und zu plärren!

Der Mauleselmann und die drei Strolche:

Gericht, Gericht,
Gerechtigkeit,
wir wollen nur Gerechtigkeit.
Der König, der König,
der König sag uns seinen Spruch.

Sie tanzen wiederum

terom, terom,
la fallera,
la fall, la fall,
la fallera!

Der Vorhang vor dem breiten Fenster wird rasch weggezogen. Man sieht den König und die Kluge (nun als Königin gekleidet) beim Zabelspiel. Der König, ärgerlich über die Störung, neigt sich aus dem Fenster.

Der König: Was treibt ihr da?
Wollt ihr euch scheren?

Der Kerkermeister:

Sie wollen, Herr,
dein Urteil hören.

Der König: Steht mir just danach nit der Sinn,
ein ander Mal...

wendet sich wieder dem Spiele zu.
Das Spiel zwischen dem König und der Klugen geht weiter. Der König, sehr im Banne der Frau, spielt im Gegensatz zu ihr, heftig, leidenschaftlich und unüberlegt.

Der Mauleselmann und die drei Strolche:

alle sehr kläglich

O weh, o weh!
Das Recht steht nackend vor der Tür,
wirf du ihm doch ein Hemd herfür.
Auf daß wir schamig uns drein kleiden,
des Unrechts Notdurft nit erleiden.

Die Kluge lächelt über das Possenspiel vor dem Fenster. Der König lacht nun ebenfalls.
Als der Mauleselmann und die Strolche den König gut gelaunt sehen, glauben sie ihr Spiel gewonnen zu haben; sie tanzen wieder.

Fallera la fallera
la fallera
la la la la.

Der König: ohne sein Spiel zu unterbrechen

Einer soll reden,
aber kurz und klar!

Der Eselmann: vortretend

Herr, ich will alles sagen,
wie es war.
Mein Red ist recht,
das kann ich wohl beschwören,
wer anders redt,
der tät' der Wahrheit schier den Rücken kehren.

Die Kluge beobachtet auch während des Spiels die Vorgänge vor dem Fenster.

Der Eselmann:

In einer Herberg wars,
in einem Stall,
da stellt' ich nächtens meine Es'lin ein,
spät wars,
und dann und dann
kam dieser Mann,
der bracht seinen Maulesel an,
und stellt sein Vieh dem meinen an die Seiten.
Am andern Morgen
in der Früh
fängt dieser Mann zu fluchen an und streiten,
— es war ein Eselsfüllen diese Nacht,
just diese Nacht im Stall zur Welt gekommen —
das hat er gleich für sich genommen!
Das Füllen, sagt er, das sei sein,
es sei sein Eigen, sei nicht mein,
nur weil es näher lag bei seinem Vieh,
doch wirft nur eine Eselin,
Maulesel aber werfen nie.
Was ich auch sagt, er läßt's nicht gelten,
tät mich noch einen Schelmen schelten.

Der Mauleselmann:

Das ist doch Brauch in aller Welt,
auf wessen Grund der Apfel fällt,
dem ist er auch zu eigen.
Daß dem so ist,
das wird sich bald,
das wird sich bäldlich zeigen.
im Ton eines Ausrufers
Wir stellen hier das Ganze dar,
genau so, wie es damals war.
Der Mauleselmann stellt in einem Rüpelspiel, zusammen mit den Strolchen, die Szene, die er angibt, dar.

Der Mauleselmann:

zum Eselmann
Du bist der Esel, stell dich her!
Der Eselmann läßt sich, ohne etwas zu begreifen, aufstellen
zum Ersten Strolch
Die Krippen, die stand so die Quer.
Der Erste Strolch stellt die „Krippe" dar.
Der Maulesel war auf der Seiten.
stellt den Zweiten Strolch auf
Da lag das Vieh, um das wir streiten!
setzt sich selber an die bezeichnete Stelle

Die drei Strolche: Genau so ist es bis aufs Haar,
wie es an jenem Morgen war.

Dritter Strolch: als „Wirt" alles umständlich betrachtend
Das kann ich männiglich bezeugen,
ich bin der Wirt,
der Stall, der ist mein Eigen.

Die drei Strolche: Aus dem, was dieser Mann verzählt,
spricht lautre Wahrheit unverhehlt.

Der Eselmann: verläßt seinen ihm angewiesenen Platz, kopfschüttelnd und mißtrauisch
Weiß nit, wozu dies all's geschiecht,
zum Dritten Strolch
ob du der Wirt bist, oder nicht,
hab' dich mein Lebtag nit gesehn,
doch darum wirds auch jetzt nit gehn.

Der Eselmann: sich ereifernd
Spielst leicht mit dem da unter einem Leder,
daß mein das Recht ist, sieht doch jeder.
den Mauleselmann äffend und ihm „Ohren" schneidend
Den Esel kennt man an den Ohren,
doch nie hat ein Maulesel noch geboren.

Der Mauleselmann:
Was traust du dich so freche Red zu führen,
grad vor dem König disputieren,
daß du so gar vermessen bist,
was dir im Hirn gewachsen ist,
so ungewaschen in das Maul zu nehmen,...
tät mich in Grund und Boden schämen!

Der Mauleselmann und die drei Strolche:
Möchst Mein und Dein,
wie ja und nein,
verdrehen und verrenken,
für solch ein Spiel ist hier kein Platz,
kein einer tät dir Glauben schenken!

Der Mauleselmann:
Mein Recht wird mir der König geben!
Möcht anderster nit länger leben!

Die drei Strolche: Sein Recht wird ihm der König geben!
Könnt anderster nit länger leben!

Der Mauleselmann:
lauernd
Doch merk ich itzo, dir mein Junge,
plötzlich und rasch
dir klebt der Aufruhr auf der Zunge!
Der Eselmann geht auf den Mauleselmann zu und packt ihn am Kragen.

Der Eselmann: Du Schuft, du Hund, das lügst du in den Hals hinein!

Der Mauleselmann:
sich erschrocken stellend, schreiend
Er bringt mich um,
kann sein mich nit erwehren!

Der Eselmann: Ich werd dir schon das Lügen lehren!

Es entsteht eine Balgerei, an der die Strolche auch teilnehmen.

Der Kerkermeister:

die Raufenden trennend

Der König spricht:

Der König: nach einer Pause, unwillig — er hat eben im Zabelspiel verloren —, wie nebenbei

So und nit anders soll es sein:
Bei dem das dumme Vieh gelegen,
dem sei's zu eigen — meinetwegen!

Der Vorhang des Fensters wird rasch zugezogen.
Die Strolche führen einen Freudentanz auf.

Die drei Strolche: zum Mauleselmann

Du hast gewonnen,

zum Eselmann

und du hast verloren!

Der Eselmann: Der König hatte keine Ohren!

Der Mauleselmann und die drei Strolche:

nehmen die Hüte ab, sehr ernst

Der König lebe, denn er ist gerecht!

Sie nehmen Aufstellung, wie zu Beginn der Szene, „ad spectatores". Der Kerkermeister rechts, etwas im Hintergrund, der Eselmann sitzt vorne links am Boden.

Die drei Strolche, der Mauleselmann, der Kerkermeister:

Es ist halt bloß ein Unterschied,
wie etwas und nicht was geschieht;
das wahre Recht gar nimmer da erblüht,
wo man ihm auf die Finger sieht.
Des Herzens Einfalt laßt drum walten,
daß unsre Segel sich entfalten:
Wer klug ist, wählt Betrug und List,
weil anders nichts zu holen ist.

Es lebe der König!
Er lebe, unser König!

Alle bis auf den Eselmann leise und schnell ab.

Sechste Szene

Dämmeriges Abendlicht; der Eselmann sitzt links vorn auf der Erde, den Kopf in die Hände vergraben.

Die Kluge, in einen Mantel gehüllt und verschleiert, tritt im Hintergrund (rechts), „wie von ungefähr", „sich am Abend ergehend", auf. — Sie bleibt, vom Eselmann unbemerkt, im Hintergrund aufhorchend, stehen.

Der Eselmann: Weh mir, wie konnt mir das geschehn?
Wie leicht läßt Recht in Unrecht sich verdrehn!
's gibt keinen Menschen auf der Welt,
der zu dem Ausgeraubten hält.
Mein ganzer Mut tut mir verrinnen.
Der Dieb zieht lachend dort von hinnen,
und spottet noch ob meinem Schaden,
mit Kümmernis bin ich beladen.
Wo gibt es noch ein Recht,
wo noch Gerechtigkeit,
der König sei vermaledeit!

Die Kluge: immer ganz unnahbar und überlegen
Ein König kann sich auch mal irren;
du siehst doch nur den äußern Schein,
den Sinn des Spiels, den kannst du nicht entwirren,
du müßtest selbst der König sein.

Der Eselmann: sich umwendend
Wer bist denn du?

Die Kluge: Wer ich auch sei,
das ist und bleibt ganz einerlei,
ich will dir helfen,
folgst du meinem Rat —

Der Eselmann: Ein gutes Wegstück ist vom Rat zur Tat!

Die Kluge: Das Füllen, tust du nur, was ich dir sage,
das Füllen, das wird wieder dein.

Der Eselmann: Kann nie und nimmermehr so sein.
Wie kannst du nur so töricht denken;
der König hat den Spruch getan,
und wer dagegen ist,
den läßt er einfach henken!

Die Kluge: Laß das nur meine Sorge sein,
ich schick dir Botschaft,
heut noch wirst du von mir hören.

Der Eselmann: Wer bist du denn?

Die Kluge: Leb wohl!
Sie wendet sich zum Gehen und verschwindet langsam im Dunkeln.
Der Eselmann schaut der Gestalt mit offenem Maule nach.

Der Eselmann: kopfschüttelnd
Kann man sich das erklären?
Ab.

Siebente Szene

Auf der dunklen Vorbühne treten vermummt die drei Strolche auf und klopfen an eine geheime Tür.

Erster Strolch: klopft
Heda!

Der Kerkermeister:
von drinnen
Was gibt's, wer ist's?

Erster Strolch: immer mit verstellter Stimme
Gut Freund!

Der Kerkermeister:
kommt mißtrauisch zur Tür heraus
Siehst einem Schelmen ähnlicher als einem Entvogel!

Erster Strolch: scheinheilig
Oho, wir sind ganz vogelfrei,
verfolgt, wie jede Unschuld auf der Welt!
Weil wir das viele Unrecht, das dort allerorts geschiecht
gar kräftiglich und tief beklagen,
drum möchten wir, daß einen du,
der drin beim König, drunt im Keller
gefangen liegt,
zu treuen Händen uns in Freiheit übergibst.

Der Kerkermeister:
Was soll die Red,
der König ließ doch alle laufen —

Zweiter Strolch: Du irrst dich,
wir, wir woll'n ihn laufen lassen!
Alle zeigen ihre Gesichter.

Dritter Strolch: erklärend
Durch unsre Gurgeln.
Geste des Trinkens.

Der Kerkermeister:
erkennt sie
Gauner ihr,
wollt euch besaufen,
besaufen von des Königs bestem Wein!

Zweiter Strolch: angebend
Wir haben Geld!

Der Kerkermeister:
's ist euer Glück,
sonst säh ich lieber euch am Galgen!
Für Geld läßt sich manches arrangieren!
Wieviel?

Zweiter Strolch: Da du des Königs Wein
mit der Geste des Stehlens
ganz billig doch in Händen hast,
ist das genug.

Der Kerkermeister:
Zu wenig,
glaubst, mein gut Gewissen
ist nit mehr als drei Kreuzer wert?

Dritter Strolch: Schon überzahlt!!

Der Kerkermeister:
Gib einen Batzen her, auf daß
wir weiterhin in gutem Einvernehmen bleiben.

Erster Strolch: Du Seelverkäufer!!

Zweiter Strolch: Schaff Wein herbei!
Hinter der geheimen Tür wird eine kleine Schenke sichtbar, drin ein Tisch und eine Laterne drüber; die Strolche gehen in die Schenke.

Dritter Strolch: Für Geld kannst du den Teufel tanzen sehn.

Zweiter Strolch: Wo Geld ist, ist der Teufel,
wo keins ist, ist er zweimal!

Erster Strolch: Geld wird nicht gehenkt,
Geld hat keine Zipfel!

Der Kerkermeister:
Wein auftragend
Sauft und besauft euch!
Laßt euch aber nicht erwischen!
Ab.
Die drei Strolche lachen und trinken.

Zweiter Strolch: Wie schmeckt der Esel?

Erster Strolch: Der Maulesel willst du sagen,
weil wir ihn mit dem Maul gewonnen haben
— — ganz deliciös — —

Dritter Strolch: Wie gewonnen, so zerronnen —
alles durchs Maul.
Sie trinken.

Zweiter Strolch: Das war die schönste der Geschichten!
Wär ich ein Maler,
aufmalen müßt man die History
und dazu singen auf dem Markt,
weil man von einem solchen Stück
viel lernen kann.

Dritter Strolch: gerührt
Ein schönes Stück

Erster Strolch: Ein wunderschönes Stück!

Dritter Strolch: „Wers Glück hat, dem kelbert der Ochs".

Erster Strolch: Das Glück, das Glück ist eine Hur,
du mußt dirs wendig machen nur!

Dritter Strolch: mit Pathos
„O Fortuna, velut luna!"

Zweiter Strolch: Glücks Gewalt
hat Monds Gestalt.
Das Glücksrad geht um.

Erster Strolch: Glück hat Tück!!

Zweiter Strolch: Halt dich an die Tugend!
Alles vergeht,
Tugend besteht!

Erster Strolch: Tugend ist ein Ehrenkleid,
spart und schont es allezeit.

Zweiter Strolch: den ersten umhalsend
Meiner Treu, meiner Treu!

Dritter Strolch: Treu, was Treu
ach Treue!
Treue, Treu ist auch verlorn!
Als die Treue ward geborn,
lalalala la la la,
kroch sie in ein Jägerhorn,
lalalala la la la,
der Jäger blus sie in den Wind,
lalalala la la la,
daher man keine Treu mehr findt!
lalalala la la la.
Der Erste und Zweite Strolch singen mit.

Dritter Strolch: wie eine Litanei
Fides

Erster und Zweiter Strolch:
ist geschlagen tot.

Dritter Strolch: Justitia

Erster und Zweiter Strolch:
lebt in großer Not.

Dritter Strolch: Pietas

Erster und Zweiter Strolch:
liegt auf dem Stroh.

Dritter Strolch: Humilitas

Erster und Zweiter Strolch:
schreit mordio.

Dritter Strolch: Superbia

Erster und Zweiter Strolch:
ist auserkorn.

Dritter Strolch: Patientia

Erster und Zweiter Strolch:
hat den Streit verlorn.

Dritter Strolch: Veritas

Erster und Zweiter Strolch:
ist gen Himmel flogen.

Zweiter und Dritter Strolch:
Treu und Ehr sind übers Meer gezogen.

Erster Strolch: Betteln geht die Frömmigkeit.

Dritter Strolch: Tyrannis

Erster und Zweiter Strolch:
führt das Szepter weit.

Dritter Strolch: Invidia

Erster und Zweiter Strolch:
ist worden los.

Dritter Strolch: Caritas

Erster und Zweiter Strolch:
ist nackt und bloß.

Zweiter und Dritter Strolch:
Tugend ist des Lands vertrieben.

Erster Strolch: Untreu und Bosheit sind verblieben.

Die drei Strolche: Als die Treue ward geborn,
lalalala la la la,
kroch sie in ein Jägerhorn,
lalalala la la la,
der Jäger blus sie in den Wind,
lalalala la la la,
daher man keine Treu mehr findt!
lalalala la la....
Der erste steigt auf den Tisch, die beiden andern fallen darunter.

Erster Strolch: völlig besoffen, ekstatisch
Kikeriki, kikeriki,

Dritter Strolch: Stich ab den Hahn!
Stich ab den Hahn!

Erster Strolch: unentwegt
Kikeriki, kikeriki.
Der Dritte Strolch reißt den ersten vom Tisch herunter.

Zweiter Strolch: Die ganze Nacht ist schon vertan —
die Stern blas aus
löscht die Lampe aus
häng's Morgengrauen raus.

Dritter Strolch: Wir gehn nach Haus.
Virtus in medio, sagte der Teufel,
da er ging eingehenkt zwischen zween Hurn.
Die drei Strolche ineinander eingehenkt, der dritte in der Mitte, machen sich singend auf den „Heimweg".
Auf der Hauptbühne sieht man den Eselmann, wie er mit einem großen Fischernetz, das er immer eifrig über den Boden hinzieht, auf der platten Erde fischt.
Die Strolche steigen die Stufen zur Hauptbühne hinauf, der Zweite Strolch erblickt den Eselmann.

Zweiter Strolch: Fall nit ins Wasser!

Erster Strolch: Halt dich an!

Dritter Strolch: Da fischt ja einer!
zum Eselmann
Guter Mann,
wir sind heut schon einmal ertrunken,
wurzweg,
wo ist ein Steg,
wo ist ein Kahn,
daß man sich noch erretten kann?
Der „Fischer" läßt sich nicht stören, er arbeitet unentwegt weiter.

Achte Szene

Der König, wie zur Jagd gekleidet, tritt, gefolgt vom Kerkermeister, rasch auf, er erblickt den „Fischer".

Der König: zum Kerkermeister
Frag diesen Mann,
was er da schafft!

Der Kerkermeister:
zum Eselmann
Was treibst du da,
was schaffst du da mit deinem Netz,
du willst wohl gar die Straße fegen?

Der Eselmann: ohne seine Arbeit zu unterbrechen
Ich fische, fische,
muß hier fischen.

Der Kerkermeister:
Du fischst?
So, so du fischst,
und just grad auf dem Marktplatz,
auf dem Land,
am trocknen Land
da willst du fischen.

Erster Strolch: schnell einwerfend
Fischefangen, Vogelstellen,
verdarb schon manchen Junggesellen.

Der Eselmann: unbeirrt
Ich fische, fische,
muß hier fischen.

Der Kerkermeister:
Bist hintersinnig, oder bist verrückt,
hirnwütig gar.

Erster Strolch: **Er ist verrückt!**

Zweiter Strolch: schnell einwerfend zum „Fischer"
Halt an den Wind,
spuck übern Weg,
auf daß dir was ins Netz gerät!

Der Kerkermeister:
So hör,
der König will es wissen,
ihm mußt du Antwort stehn und Red.

Dritter Strolch: schnell dazwischen
Just wenn man's am wenigsten denkt,
liegt der Fisch in der Reusen.

Der Eselmann: bei der Arbeit innehaltend
Der König selber?
Was der König?
Ja, wenns der König wissen will,
dem König will ich nimmer was verhehlen,
dem König will ich alles gern verzählen,
der König ist ein Mann, der es versteht:
geheimnisvoll
„Die Welt hat längst sich umgedreht —
Maulesel kriegen jetzt die Jungen,
und ist mal solch ein Wurf gelungen,
was sollt ich auf dem Land nit fischen,
ist's auch kein Fisch,
so werd ich schon ein ander Vieh erwischen."
Der König, in aufflammender Wut, völlig unbeherrscht, springt vor, packt den Eselmann am Kragen und wirft ihn sich vor die Füße, wo dieser, halbtot vor Schreck, liegen bleibt.

Der König: Die Rede stammet nit von dir,

Der Eselmann: Herr, Gnade!!

Der König: Kerl, gestehe mir,
da dein Verstand, du dummer Hund,
zu klein, daß darin dieser Spruch entstund,
so sag ich dir, 's war eine Frau!...

Der Eselmann: Herr, Gnade!!

Der König: Schuft, ich weiß es doch genau!

Der Eselmann: Ich kannt sie nit!

Der König: Sie sprach mit dir,
sie gab dir auch die Weisung hier,
sie lehrt dir dieses ganze Spiel.
So aber kommt ihr beide nit zum Ziel!
So sind sie alle, so macht's jede!

Der Eselmann: Herr, ich versteh nit deine Rede —

Der König: Das hast du Kerl auch gar nicht nötig,
in was war sie dir sonst erbötig?

Der Eselmann: zum Kerkermeister
Kein Wort versteh ich, was er sagt!

Der König: Schmeißt ihn in Turm!
König schnell ab.
Der Kerkermeister packt den Eselmann und führt ihn weg.
Die Strolche sehen ihm höhnisch nach...

Die drei Strolche: Dem wird der Kopf bloß abgehackt!
...und verdrücken sich rasch.

Neunte Szene

Auf der Hauptbühne wird Tisch und Ruhelager des Königs (wie in der 3. Szene) sichtbar. Rechts seitlich steht eine Bauerntruhe. Der König, gefolgt vom Kerkermeister, tritt wütend auf (links), von der anderen Seite die Kluge, eine große Suppenschüssel tragend.

Der König:
So also so,
so wars gemeint!
Spielst gegen mich,
und bist mir feind.
Mit Hinterlist und Doppelred,
wollst treffen mich,
hast drauf gelauert und gespäht,
doch Mannesart und Weibertück,
das hält zusammen nur ein Stück!

Lauf hin zu ihm,
ich schenk ihn dir,
kannst mit dem Gauner durch die Lande ziehn,
im Eselstrott,
zu aller Spott,
kannst allerorten dich mit ihm ergetzen,
wirst ihm das Füllen bald ersetzen.
zum Kerkermeister, in maßloser Wut
Bring dieses Weib vor meine Tür,
In augenblicklichem Schreck läßt sich die Kluge auf die hinter ihr stehende Truhe fallen; sie bleibt dort, immer die Schüssel in Händen haltend, regungslos sitzen, den König unentwegt anblickend.
die Truhen auch!
Die Truhen da, die schenk ich ihr,
und das, woran ihr Herz am meisten hängt,
das pack sie drein,
das sei zum Abschied ihr geschenkt.
Der König wirft sich in den Sessel. Die Kluge erhebt sich, auf einen leisen Wink von ihr ist der Kerkermeister verschwunden.

Die Kluge: ebenso freundlich und bescheiden, wie bestimmt

Laß mich die Tafel dir bereiten,
ich hab das Essen dir gebracht,

Der König würdigt sie keiner Antwort und keines Blickes mehr.

dann will ich gehn —
und wünsch dir eine gute Nacht! —

Die Kluge bereitet mit Sorgfalt die Tafel und zündet die Kerzen an.

vorsichtig

Willst du den „Fisch" nicht kosten?

Auf die Anspielung („Fisch") reagiert der König nur mit einem Augenblitz.

Er ist mir wohl geraten,
mit selten Würzlin und mit Kräuten
tät ich ihn sorglich zubereiten,
und so hab ich ihn dir gebraten.

Nach einer Spannungspause ergreift die Kluge Weinkrug und Becher.

Die Sonne reifts,
die Hand, die brichts,
der Fuß, der hat's getreten,
Helf's dir zu gutem Leben.

Sie nimmt eine Büchse mit Schlafmohn und schüttet davon in den Becher.

leise

Ein rundes Haus hat Kämmerlein,
drin liegen viel tausend Körnelein.

mit dem Becher in der Hand

Ein Gast kommt ungeladen an,
setzt sich am Tische oben an,
die Augen hab er zugetan,
der diesen Gast will schauen an.

Sie stellt den Becher vor dem König auf den Tisch — der König trinkt und fällt in Schlaf.

löscht die Kerzen und setzt sich zu Häupten des Königs

Schuschuhu, schuschuhu,
schuschuhu, schuschu,
es fallen dem König die Augen zu.
Kam einer gegangen,
du kannst ihn nit sehn,
er hält dich umfangen,
die Sinn dir vergehn.

Der König will zürnen,
der König will streiten,
schuschuhu, schuschu,
er läßt es nit zu,
er will es nit leiden,
nit leiden, nit leiden,
er nimmt ihm die Krone,
den Mantel, den Stab,
und beugt sich ganz tief
zu dem Schlafmann herab.
Schuschuhu, schuschuhu,
schuschuhu, schuschu,
es fallen dem König die Augen zu.
Der Kaiser, der König,
der Bauer, das Kind,
im Schlafland,
im Traumland,
einfältig sie sind.
Schuschuhu, schuschuhu,
schuschuhu, schuschu.

Zehnte Szene

Auf der Vorbühne sitzen der Erste und Dritte Strolch heimlich beieinander; sie schneiden ein dickes Pelzkleid auf und schälen die eingenähten Dukaten heraus.

Zweiter Strolch: springt aus dem Dunkel plötzlich von hinten her
Hab ich euch endlich,
hab ich euch erwischt!
Die zwei andern fahren erschreckt auseinander.

Dritter Strolch: Du Schuft,

Erster Strolch: Was hast du uns erschreckt!
Der zweite zeigt einen großen Geldbeutel.

Zweiter Strolch: Da schaut mal her,
den Beutel hab ich grad geschnappt,
sind funkelnagelneue Taler drin,
wers raten kann,
wieviel es sind,
dem schenk ich alle zwölf.

Erster Strolch: sich dumm stellend
Sind „sieben“?

Zweiter Strolch: trocken
Nein!

Dritter Strolch: unbeteiligt
Sind „acht“?

Zweiter Strolch: Nein!

Erster Strolch: den Finger an der Nase, tiefsinnig
Ein Dutzend?

Zweiter Strolch: aufspringend
Ha, das hat der Teufel selber dir ins Ohr gesagt!
Sie lachen zusammen und machen sich weiter gemeinsam am Pelzkleid zu schaffen.

Erster Strolch: aufgreifend
Der Fischer, unser Fischer,
der ist reingefallen.

Zweiter Strolch: Der Esel, konnt es sich im Vorhinein ausmalen,
sucht Händel, stellt den König gar zur Rede.

Dritter Strolch: Ja könnte da so jeder oder jede
grad tun und sagen, was ihm so beliebt.

Erster Strolch: Das wär ein schönes Land, wo's sowas gibt!
Pause

Zweiter Strolch: Die guten Zeiten, fürcht ich, sind vorbei,
im Haus drin gabs schon viel Geschrei.

Erster Strolch: Beim König?

Zweiter Strolch: Ja, beim König.

Erster Strolch: Hat er Krach mit seiner Frau?
Ist sie am Ende doch zu schlau?

Dritter Strolch: Frau hin, Frau her,
wenn sie ihm nimmer paßt,
schmeißt er sie raus,
er selber aber rast,
er rast dann, wie ers immer macht,
durchs ganze Haus,
und wen er trifft, wer ihm entgegentritt,
der ist schnell mit dem Leben quitt.

Auf der Hauptbühne wird die große Truhe vorbeigetragen, ein stiller, nächtlicher Zug, dem die Kluge, ganz verschleiert, folgt.

Zweiter Strolch: Pst, pst,
da schau, da trag'ns schon wieder einen Toten.

Dritter Strolch: Geh weg, verbrenn dir nicht die Pfoten.
Was gehts dich an, was in der Kisten ist,
sei froh, wenn dus nit selber bist.

Erster Strolch: 's wird schon ein Raub- und Diebsgut sein,
ich glaub, es stinkt,

Zweiter Strolch: die Luft ist da nicht rein. —
Alle drei Strolche verschwinden in eine Bodenluke.

Elfte Szene

Der Kerkermeister:
zum Eselmann, den er aus dem Kerker holt
Komm da heraus, der König läßt dich frei,
dein Füllen sollst du haben, und den Sack voll Geld dabei.

Der Eselmann: Was soll ich haben??

Der Kerkermeister:
Deinen Esel und dies Geld!

Der Eselmann: Ja gibt's denn sowas auf der Welt?!

Der Kerkermeister:
's gibt nichts, was diesem König nicht schon eingefallen.

Der Eselmann: Ich glaub die fremde Frau steht hinter allem.

Der Kerkermeister:
Zieh los und frag nit weiter dumm,
sonst geht die Sache doch noch krumm,
wer weiß, was jetzt der König wieder sinnt.

Der Eselmann: Das war die Frau!!

Der Kerkermeister:
Was der da spinnt!
Halts Maul, sonst tritt dir einer drauf!

Der Eselmann: plötzlich, mit dem Finger an der Stirn
Ein Licht geht mir da drinnen auf!

Der Kerkermeister:

Fahr ab, sonst blasts dir einer aus,
schau dich nit um und trab nach Haus.
Ab.

Der Eselmann: geht an die Rampe vor, dämlich grinsend, ad spectatores

Ja, ja, das hab ich mir doch gleich gedacht,
der König hat sich mit mir einen Spaß gemacht.
Er läuft vergnügt ab.

Zwölfte Szene

Auf der Hinterbühne ein blühender Baum in hellem Morgenlicht; davor die geöffnete Truhe, in der der König friedlich schläft; ihm zur Seite, nun wieder ganz einfach gekleidet, sitzt, wie seinen Schlaf betreuend, die Kluge.

Der König: erwachend, sich erstaunt umblickend

Was ist,
wo bin ich,
wer hat das getan?

Die Kluge:

Es war dein Wunsch,
mein lieber Mann:
„Bring dieses Weib vor meine Tür,
die Truhen auch, die schenk ich ihr,
und das, woran ihr Herz am meisten hängt,
das pack sie drein,
das sei zum Abschied ihr geschenkt."

Der König:

Du bist die Kluge,
bist die Klügste.

Die Kluge:

Sag das nicht!
Verstellung wars,
ich hab mich nur verstellt:
Klugsein u n d lieben
kann kein Mensch auf dieser Welt.
Der König und die Kluge, beide bleiben lächelnd Blick in Blick
Im dunkeln Vordergrund kommt der Bauer mit einer Laterne und sieht den König und die Kluge.

Der Bauer:

Am End hat sie den Stößel doch gefunden!!
Ein ferner Hahnenschrei.
ad spectatores:
Und das ist die Geschichte von der klugen Frau!!
Der Bauer bläst die Laterne aus — Dunkel.

ENDE